So wird es gemacht:

Öffne das mini LÜK-Kontrollgerät und lege die Plättchen in den unbedruckten Deckel.

Jetzt kannst du auf den Plättchen und im Boden des Kontrollgerätes die Zahlen [1] bis [12] sehen.

Beispiel: Seite 2 – Unser Haus
Nimm ein Plättchen, z.B. das Plättchen [1] und lies die Aufgabe Nr. 1: W__nzimmer,
Wie schreibt man dieses Wort – mit o oder oh?
Es muss richtig heißen: W<u>oh</u>nzimmer. Neben dem oh steht die 9.
Die 9 ist auch die Feldzahl, auf der du das Plättchen ablegen musst.
Lege also das Plättchen [1] auf das Feld 9 im Kontrollgerät.
Die Zahl **1** muss nach oben zeigen.

1	2	3	4	5	6
7	8	9	10	11	12

Auf einigen Seiten, z.B. auf Seite 12, findest du alle Lösungen mit den dazugehörigen Feldzahlen zusammen unter der Übung.
Nun arbeitest du weiter, wie oben beschrieben, bis alle 12 Plättchen im Boden des Kontrollgerätes liegen. Schließe dann das Gerät und lege es herum. Öffne es von der Rückseite! Wenn du das bei der Übungsreihe abgebildete Muster siehst, hast du alle Aufgaben richtig gelöst. Passen einige Plättchen nicht in das Muster, dann hast du dort Fehler gemacht.

Wende diese Plättchen dort, wo sie liegen, um, schließe das Gerät, wende es um und öffne es wieder.
Nun kannst du sehen, welche Aufgaben du falsch gelöst hast.
Nimm jetzt diese Plättchen heraus und suche die richtigen Ergebnisse! Kontrolliere dann noch einmal!
Stimmt jetzt das Muster?

Und nun viel Spaß!

Unser Haus

W [1] nzimmer,	o	2	oh	9
[2] üche,	G	4	K	5
E [3] zimmer,	s	8	ss	2
E [4] ternschlafzimmer,	l	10	ll	12
[5] inderzimmer,	K	8	G	1
[6] ad,	B	6	P	7
[7] iele und [8] oilette,	D	4	T	11
Hei [9] ungsraum,	tz	3	z	1
[10] ankraum,	D	5	T	3
[11] eller und [12] arage	G	12	K	7

16 Wörter

Im Zoo

Im Zoo sehen w[1]r	i	1	ie	4
viele T[2]re	i	6	ie	11
aus fr[3]mden	ä	2	e	9
L[4]ndern:	ä	8	e	10
A[5]en und Löwen	f	5	ff	3
[6]apageien und [7]ären,	B	2	P	6
Elefanten und Scha[8]e,	f	5	ff	8
[9]iraffen und [10]ängurus,	K	7	G	10
Ti[11]er und Kro[12]odile.	k	12	g	4

26 Wörter

Mein Freund Ali

Ali ist Türke. Er w[1]nt (o 4, oh 7)

mi[2] (d 2, t 11) seinen

El[3]ern (d 8, t 10) in

un[4]erer (s 8, ss 11)

Stra[5]e (s 7, ß 4).

Er [6]eht (g 12, k 5) in meine

[7]lasse (G 10, K 2). Er spricht noch

ni[8]t (ch 5, sch 1) gu[9] (d 6, t 9)

deutsch. A[10]er (b 1, p 12)

w[11]r (i 3, ie 9) sind Fr[12]nde (äu 3, eu 6).

29 Wörter

Die Finger

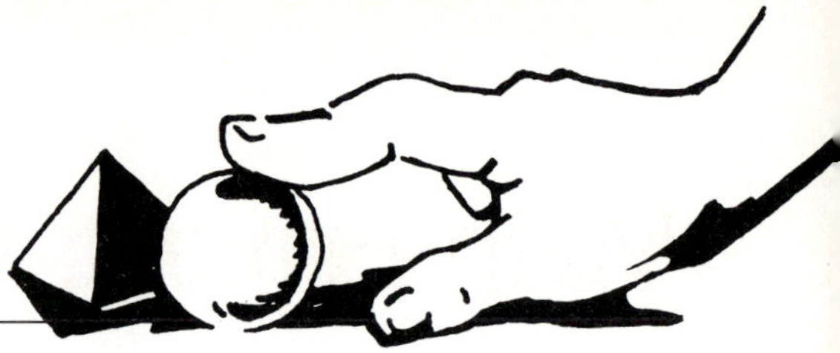

Unsere Finger sa[1]en (g 11, k 7) uns,

w[2] (i 9, ie 4) die Dinge sin[3] (d 8, t 6):

gla[4] (t 4, tt 6) oder rau,

wei[5] (ch 2, sch 3) oder [6]est (f 3, v 1),

[7]pitz (s 12, sch 11) oder stumpf,

hei[8] (s 8, ß 10) oder ka[9]t (l 1, ll 5).

Blin[10]e (d 5, t 12) Menschen

le[11]en (s 7, ß 10) sogar mi[12] (d 2, t 9)

den Fingern.

29 Wörter

Vögel im Winter

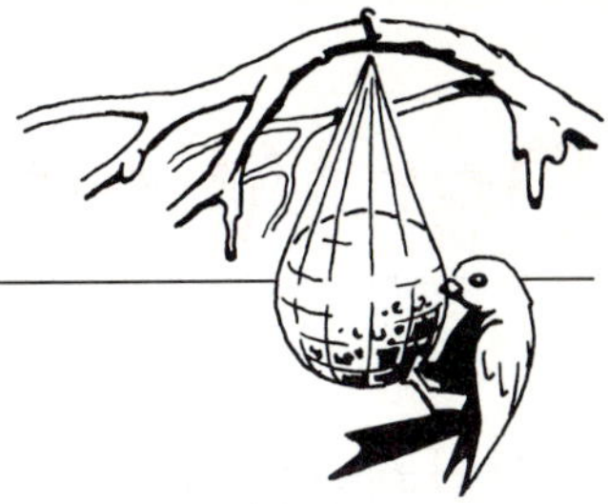

Ei[1]_ige (n 10, nn 7) Vögel

flie[2]_en (g 8, k 9) schon im Herbst fort in

w[3]_rmere (ä 11, e 4) Län[4]_er (d 9, t 12).

Meisen, Amseln, Sperlinge und Kleiber

blei[5]_en (b 5, p 8) h[6]_r (i 5, ie 1).

Wenn Schn[7]_ (ee 3, eh 11) liegt,

fin[8]_en (d 2, t 1) sie [9]_ein (g 10, k 6)

Futter mehr. W[10]_r (i 4, ie 3)

mü[11]_en (s 2, ss 12) sie

da[12]_ (n 6, nn 7) füttern.

33 Wörter

Der Wind

M[1]_nschen (ä 7, e 9) nutzen die

[2]_raft (G 2, K 5) des Windes. Er treibt

Segelschi[3]_e (f 10, ff 2) und

Windräder an. Ein star[4]_er (g 8, k 10)

Stur[5]_ (m 8, mm 3) [6]_ann (g 5, k 12)

[7]_ewaltige (g 4, k 12) Schä[8]_en (d 11, t 9)

anrichten: D[9]_cher (ä 7, e 1) werden

abgedeckt, B[10]_me (äu 3, eu 11)

en[11]_wurzelt (d 6, t 1) und

[12]_elder (F 6, V 1) verwüstet.

29 Wörter

Lichtquellen

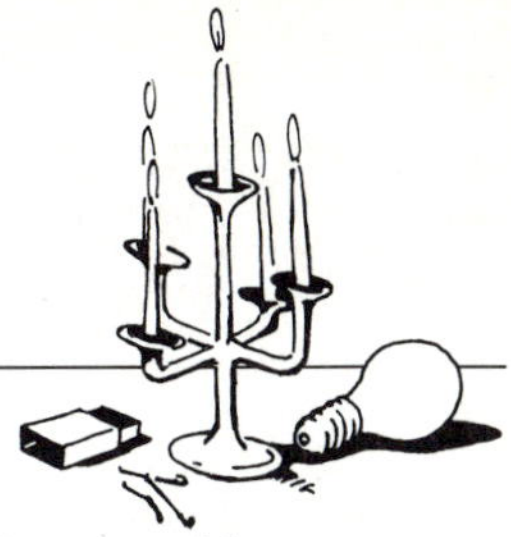

Heu[1]e (d 5, t 4) bet[2]tigt (ä 8, e 4)

man ei[3]fach (n 11, nn 1) den

Lichtscha[4]ter (l 3, ll 9),

w[5]nn (ä 7, e 5) es [6]unkel (d 7, t 6) ist.

Früher nu[7]ten (tz 9, z 3) die

Men[8]en (ch 11, sch 2)

natürli[9]e (ch 12, sch 8)

Lichtque[10]en (l 2, ll 10):

So[11]e (n 12, nn 6), Feuer

Ker[12]en (tz 10, z 1) und Fackeln.

22 Wörter

Lauter Hunde

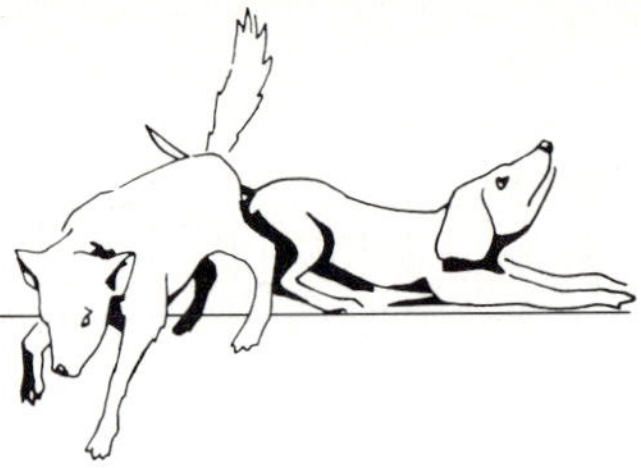

[1] olizeihunde (B 6, P 2)

[2] erfolgen (f 4, v 12) schne [3] (l 11, ll 4)

den Dieb. Blindenhunde führen

Men [4] en (ch 10, sch 7), die

ni [5] ts (ch 10, sch 2) sehen. Wachhunde

[6] ewachen (b 5, p 7) H [7] ser (äu 1, eu 8)

und Hö [8] e (f 6, ff 3). Hirtenhunde

hü [9] en (d 12, t 3) die Scha [10] e (f 8, ff 9).

Jagdhunde begleiten den Jäger

[11] urch (d 9, t 5) den Wal [12] (d 11, t 1).

29 Wörter

Tiere im Wasser

Tiere im und am Wasser sin[1] (d 4, t 9)

durch Körperbau und Atmung

[2]iesem (d 11, t 6) na[3]en (ss 8, ß 2)

Le[4]en (b 3, p 4) angepasst.

Fi[5]e (ch 8, sch 2) bewe[6]en (g 12, k 10)

si[7](ch 9, sch 5) mi[8] (d 3, t 5)

[9]ren (ie 1, ih 7) Flossen vorwärts und

atmen durch die Kiemen.

Frö[10]e (ch 7, sch 10) und

En[11]en (d 12, t 1) ha[12]en (b 6, p 11)

Schwimmhäute.

34 Wörter

Tag und Nacht

Die Er[1]e (d 7, t 10) dreht sich

u[2] (m 3, mm 8) sich se[3]bst (l 12, ll 9).

S[4] (i 5, ie 2) braucht dazu

[5]ierundzwanzig (f 3, v 6)

Stu[6]den (n 4, nn 1). Die Seite, die

[7]on (f 6, v 8) der So[8]e (n 2, nn 9)

beschienen ist, ist he[9] (l 12, ll 5).

Do[10]t (r 1, rr 6) ist Tag.

Au[11] (f 11, v 4) der an[12]eren (d 10, t 7)

Seite ist Nacht.

34 Wörter

Zuviel Müll!

[1] A$<^{l}_{ll}$es, [2] wa$<^{s}_{ß}$man kauft, ist toll verpackt. Die meisten [3] Leu$<^{d}_{t}$e [4] ha$<^{b}_{p}$en aber keine [5] Ö$<^{f}_{v}$en mehr. Sie können [6] Ho$<^{l}_{ll}$z und [7] Pa$<^{b}_{p}$ier nicht [8] $^{f}_{v}>$erbrennen. Deshalb [9] wer$<^{d}_{t}$en [10] Müllei$<^{m}_{mm}$er und Müllhalden [11] i$<^{m}_{mm}$er [12] grö$<^{s}_{ß}$er.

Lösungen mit Feldzahlen:
b 10, d 5, f 12, l 2, ll 9, m 3, mm 11, p 4, s 1, ß 8, t 6, v 7.

31 Wörter

Kindermusik

Wir machen 1 Musi<g/k.

Eine 2 gro<s/ß e 3 D/T>ose

aus 4 Ble<ch/sch ist die

5 D/T>rommel. Eine leere

6 Fla<ch/sch e 7 benu<tz/z en wir

8 al<s/ß 9 Flö<d/t e.

10 An<d/t ere Instrumente sind gefüllte

Schachteln, 11 Hol<tz/z stäbe,

und 12 Nä<g/k el.

Lösungen mit Feldzahlen:
ch 8, D 12, d 1, g 9, k 7, s 10, sch 3, ß 4, T 6, t 11, tz 2, z 5.

27 Wörter

Krank im Bett

Gabi [1] lie<(g/k)t mit Fieber im [2] Be<(t/tt).

Sie hat eine [3] Er<(g/k)ältung. Ihr

[4] (G/K)>esicht ist [5] ro<(d/t) und [6] hei<(s/ß).

[7] (G/K)>opf und [8] Hal<(s/ß) schmerzen.

Der [9] (D/T)>oktor [10] (f/v)>erschreibt

ihr [11] Sa<(f/v)t und [12] (D/T)>ee.

Lösungen mit Feldzahlen:
D 6, f 12, G 1, g 8, K 7, k 11, s 9, ß 4, T 10, t 5, tt 3, v 2.

30 Wörter

Das Gewitter

Den [1] gan<(tz|z)en [2] (D|T)>ag war es

[3] s<(e|eh)r [4] hei<(s|ß).

Plötzlich [5] zo<(g|k)en dunkle

[6] Wol<(g|k)en [7] herau<(f|v).

Das Unwetter ging [8] lo<(s|ß).

Der [9] R<(e|eh)gen prasselte.

[10] Bli<(tz|z)e zuckten [11] (f|v)>om Himmel.

Der [12] (D|T)>onner krachte.

Lösungen mit Feldzahlen:
D 9, e 1, eh 2, f 12, g 8, k 3, s 10, ß 6, T 4, tz 11, v 7, z 5.

28 Wörter

Obst

Vie[1]e (l 10, ll 6) Frü[2]te (ch 11, sch 3)

werden im So[3]er (m 7, mm 8) und

Her[4]st (b 9, p 1) geerntet. Obst

[5]erdirbt (f 8, v 2) schne[6] (l 5, ll 12).

Mu[7]er (t 11, tt 3) kann es zu

Marmela[8]e (d 5, t 9) oder

Sa[9]t (f 7, ff 10) verarbeiten.

Erdb[10]ren (ee 4, eh 2) und

Kir[11]en (ch 4, sch 1) werden eingefroren

oder in [12]läsern (G 6, K 12) eingemacht.

29 Wörter

Wir bewegen uns

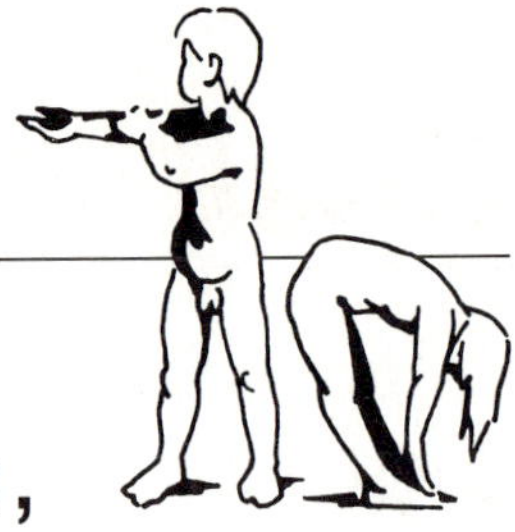

Um lau[1]en (f 11, v 6), hüpfen,

[2]anzen (d 9, t 10) und [3]ehen (g 8, k 3)

zu [4]önnen (g 10, k 6),

[5]rauchen (b 2, p 7) w[6]r (i 9, ih 2)

Gelenke, Muskeln und Sehnen.

Her[7] (tz 4, z 12) und Lunge

[8]ersorgen (f 8, v 4) un[9]eren (s 1, ß 5)

[10]örper (G 12, K 5) mi[11] (d 1, t 7)

[12]lut (B 3, P 11) und Sauerstoff.

27 Wörter

Naturschutz

Man [1] e Pflan [2] en sind vo [3]
(ch sch) (tz z) (m mm)

Aussterben bedroht. Sie ko [4] en nur
(m mm)

noch ga [5] z selten [6] or. Deshalb sind
(n nn) (f v)

sie geschü [7] t. Sie [8] ürfen weder
(tz z) (d t)

gepflückt noch ausgegraben werden.

Men [9] en, die das de [10] och [11] un,
(ch sch) (n nn) (d t)

machen sich stra [12] bar.
(f v)

Lösungen mit Feldzahlen:
ch 4, d 2, f 7, m 11, mm 3, n 5, nn 10, sch 6, t 12, tz 9, v 1, z 8.

33 Wörter

Die Handwerker

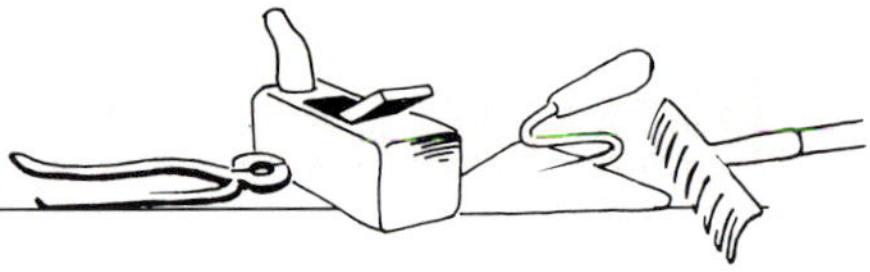

Der Maurer [1]aut (b 10, p 8)

H[2]ser (äu 8, eu 2). Der Schreiner

ste[3]t (l 6, ll 11) [4]enster (F 9, V 5) und

[5]üren (D 12, T 5) h[6]r (ä 9, e 7).

Der Klempner verlegt Wasser- und

[7]asleitungen (G 3, K 10).

Der Gärtner sät Ra[8]en (s 2, ß 1),

pflan[9]t (tz 7, z 12) [10]lumen (B 4, P 3),

Sträu[11]er (ch 6, sch 11) und

B[12]me (äu 1,eu 4).

28 Wörter

Uli spart

Uli wi_1_ (l 10, ll 7) sich einen

Computer _2_aufen (g 8, k 3).

Je_3_e (d 12, t 5) Woche _4_rägt (d 6, t 2)

er sein gespartes _5_eld (G 6, K 9) auf

die Ban_6_ (g 1, k 4). Dort wir_7_ (d 8, t 12)

der Betrag in sein Spar_8_uch (b 9, p 4)

ein_9_etragen (g 5, k 11).

Er ha_10_ (t 1, tt 3) schon

ach_11_zig (d 7, t 11)

Mar_12_ (ck 2, k 10).

31 Wörter

Freizeit

In meiner Freizeit ka[1] ich
n nn

[2]un, was ich wi[3].
d t | l ll

Ich le[4]e, sp[5]le Fu[6]ball,
s ß | i ie | s ß

ma[7]e o[8]er fahre Rad.
l ll | d t

A[9] liebsten aber bin ich m[10]t
m mm | i ie

meinen Freu[11]den zusa[12]en.
n nn | m mm

Lösungen mit Feldzahlen:
d 11, i 1, ie 4, l 8, ll 10, m 9, mm 6, n 3, nn 7, s 2, ß 12, t 5.

27 Wörter

Zähne

Ich [1]utze die Zähne mor[2]ens
(1: b p; 2: g k)

und abends, dami[3] sie gesu[4]d
(3: d t; 4: n nn)

bleiben. Ohne Zähne ka[5] ich
(5: n nn)

ni[6]t richtig kauen.
(6: ch sch)

Kran[7]e Zähne wer[8]en [9]om
(7: g k; 8: d t; 9: f v)

Zahnarzt [10]ehandelt. Ältere Men[11]en
(10: b p; 11: ch sch)

haben o[12]t künstliche Zähne.
(12: f v)

Lösungen mit Feldzahlen:
b 6, ch 4, d 9, f 10, g 3, k 11, n 5, nn 1, p 12, sch 8, t 7, v 2.

31 Wörter

Die Verwandtschaft

Die Eltern von Mama und [1] (B P) apa

sind deine Gro [2] (s ß) eltern.

Ihr Bu [3] (b p) en und M [4] (ä e) dchen

seid die Enk [5] (ä e) l von O [6] (b p) a

und Oma. [7] (B P) rüder und

Schwe [8] (s ß) tern von Mutter

o [9] (d t) er Va [10] (d t) er ne [11] (n nn) en wir

O [12] (n nn) kel und Tante.

Lösungen mit Feldzahlen:
ä 7, B 1, b 11, d 12, e 5, n 10, nn 6, P 8, p 4, s 9, ß 3, t 2.

34 Wörter

Auf der Post

Als Gerd au[1] das Postamt kommt,
(f v)

si[2]d schon [3]iele Leute
(n nn) (v f)

[4]a. Er mu[5] war[6]en. Ein Ma[7]
(d t) (s ss) (d t) (n nn)

gibt ein große[8] [9]aket auf.
(s ss) (B P)

Ein M[10]dchen kauft [11]riefmarken.
(ä e) (B P)

Eine Frau zahlt G[12]ld ein.
(ä e)

Lösungen mit Feldzahlen:
ä 5, B 9, d 6, e 2, f 11, n 1, nn 12, P 3, s 7, ss 10, t 8, v 4.

33 Wörter

Gefährliche Spiele

Es i[1: s ß]t ver[2: b p]oten, auf der

Stra[3: s ß]e und auf dem Bürgersteig

zu spielen. Ki[4: n nn]der [5: g k]efährden

dadurch sich und an[6: d t]ere.

Wenn ein Unfa[7: l ll] [8: b p]assiert,

ka[9: n nn] es die E[10: l ll]tern [11: d t]euer

zu stehen [12: g k]ommen.

Lösungen mit Feldzahlen:
b 8, d 7, g 3, k 1, l 6, ll 5, n 11, nn 10, p 2, s 12, ß 9, t 4.

32 Wörter

Bäume

Wurzeln geben [1] de< m / mm Baum

[2] Hal< d / t . Sie [3] v< ä / e rsorgen

[4] i / ih >n auch mit [5] Wa< s / ss er

und [6] Nährsto< f / ff en.

Am [7] krä< f / ff tigen [8] Sta< m / mm

sitzen die [9] Ä< s / ss te. Diese gabeln

sich [10] i / ih >n viele Zweige.

An diesen wachsen die [11] Bl< ä / e tter

[12] o< d / t er Nadeln.

Lösungen mit Feldzahlen:
ä 10, d 1, e 3, f 5, ff 7, i 6, ih 11, m 12, mm 2, s 4, ss 9, t 8.

33 Wörter

Taschengeld

Viele Schü[1]er erhalten
(l ll)

Taschengeld. Eini[2]e [3]aufen
(g k) (g k)

sich da[4]on Ei[5] und
(f v) (s ß)

Süßigkeiten. An[6]ere sparen.
(d t)

Sie wo[7]en sich spä[8]er einen
(l ll) (d t)

gro[9]en Wun[10] erfüllen.
(ß s) (ch sch)

Das dauert natürli[11] o[12]t lange.
(ch sch) (f v)

Lösungen mit Feldzahlen:
ch 2, d 11, f 5, g 6, k 1, l 10, ll 3, s 7, sch 4, ß 8, t 12, v 9.

27 Wörter

An der Kreuzung

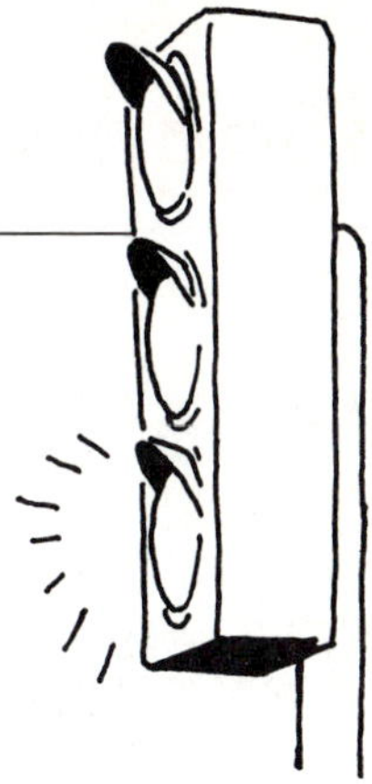

Du musst aufpa [1] (s ss) en, we [2] (n nn) du

ü [3] (b p) er die Kreuzung geh [4] (s ss) t!

Die Farben der Am [5] (b p) el sagen d [6] (i ie) r,

w [7] (i ie) du [8] (d t) ich [9] (f v) erhalten sollst:

Bei „Ro [10] (d t)" bleib stehen!

Bei „Grü [11] (n nn)" dar [12] (f v) st du gehen!

Lösungen mit Feldzahlen:
b 12, d 4, f 3, i 9, ie 8, n 11, nn 10, p 6, s 2, ss 7, t 1, v 5.

32 Wörter

Der Magnet

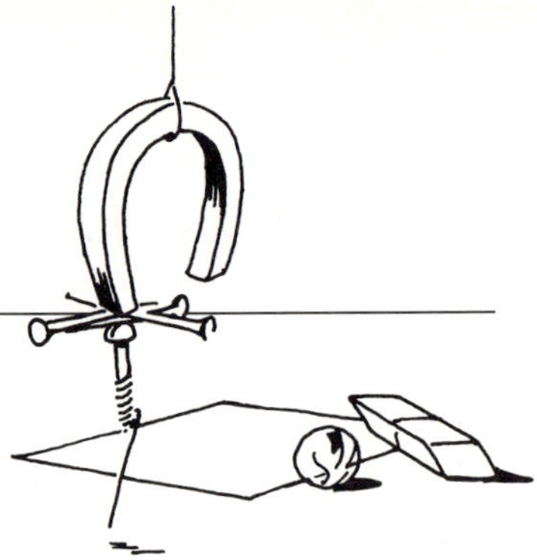

Wir [1] sp$<^{i}_{ie}$len [2] mi$<^{d}_{t}$

[3] ei$<^{n}_{nn}$em Magneten.

Er zieht [4] Näge$<^{l}_{ll}$, [5] Schrau$<^{b}_{p}$en

und [6] Na$<^{d}_{t}$eln an. Glas,

[7] Pa$<^{b}_{p}$ier und Gummi [8] la$<^{s}_{ss}$en

sich [9] n$<^{i}_{ie}$cht anziehen.

So [10] kö$<^{n}_{nn}$en wir [11] feststе$<^{l}_{ll}$en,

ob etwas aus [12] Ei$<^{s}_{ss}$en ist.

Lösungen mit Feldzahlen:
b 7, d 3, i 2, ie 6, l 5, ll 8, n 1, nn 12, p 11, s 9, ss 10, t 4.

31 Wörter

Am Morgen

Ich [1] (g k) lettere u [2] (m mm) sie [3] (b p) en Uhr aus

dem Bett und [4] (g k) ehe ins B [5] (a aa) d.

Dort wa [6] (ch sch) e ich mi [7] (ch sch) und [8] (b p) utze

die Zähne. Da [9] (n nn) kä [10] (m mm) e ich die

H [11] (a aa) re und ziehe mei [12] (n nn) e Kleider an.

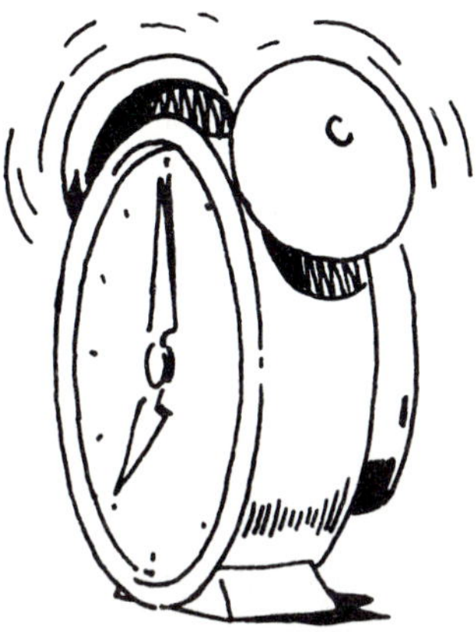

Lösungen mit Feldzahlen:
a 12, aa 11, b 6, ch 10, g 4, k 3, m 1, mm 9, n 8, nn 5, p 7, sch 2.

32 Wörter

Licht und Schatten

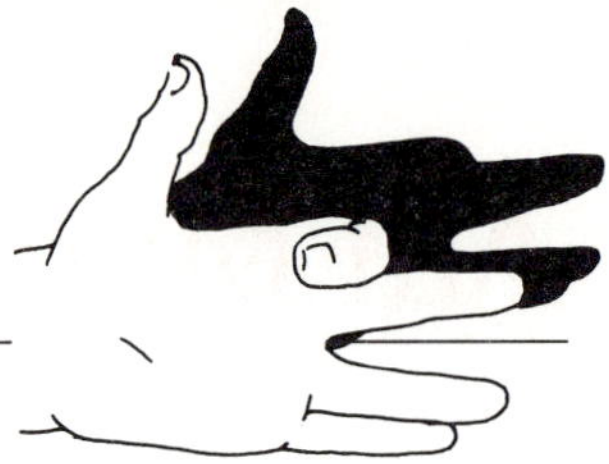

Licht [1]ann (g 5, k 12) [2]las (G 10, K 7)

und dü[3]es (n 2, nn 7)

Pa[4]ier (b 10, p 5) durchdringen.

Ho[5]z (l 1, ll 4), Blech, [6]icke (d 9, t 11)

Pappe, Gu[7]i (m 8, mm 11) und Leder

a[8]er (b 4, p 9) la[9]en (ss 2, ß 3) die

Lichtstrahlen nicht durch.

Dann entst[10]t (ee 12, eh 6)

hin[11]er (d 6, t 8) den Gegenständen

ein Scha[12]en (t 1, tt 3).

30 Wörter

Auf dem Bahnhof

Am Schalter in der Halle lösen wir

unsere Fahr_1_arte (g 4, k 6).

Pa_2_a (b 10, p 4) schau_3_ (d 9, t 1)

auf dem Fahr_4_lan (b 2, p 5) nach,

auf wel_5_en (ch 7, sch 12) Bahnsteig

wir mü_6_en (s 7, ss 3).

Do_7_t (r 11, rr 8) war_8_en (d 6, t 10)

wir, bi_9_ (s 2, ss 11) der

Zu_10_ (g 12, k 3) ko_11_t (m 1, mm 8).

Dann stei_12_en (g 9, k 5) wir ein.

34 Wörter